ACADÉMIE IMPÉRIALE

DES SCIENCES, LETTRES ET BEAUX-ARTS

DE MARSEILLE.

DISCOURS DE RÉCEPTION

PRONONCÉ

Dans la Séance publique du 15 Mai 1870

PAR

M. LUDOVIC LEGRÉ

Avocat, membre du Conseil de l'Ordre

MARSEILLE

TYP. ET LITH. BARLATIER-FEISSAT PÈRE ET FILS,

rue Venture, 19.

1870.

ACADÉMIE IMPÉRIALE

DES SCIENCES, LETTRES ET BEAUX-ARTS

DE MARSEILLE.

DISCOURS DE RÉCEPTION

PRONONCÉ

Dans la Séance publique du 15 Mai 1870

PAR

M. LUDOVIC LEGRÉ

Avocat, membre du Conseil de l'Ordre

MARSEILLE

TYP. ET LITH. BARLATIER-FEISSAT PÈRE ET FILS,

rue Venture, 19.

—

1870.

DISCOURS DE RÉCEPTION

PRONONCÉ

Par M. Ludovic LEGRÉ,

Avocat, Membre du Conseil de l'Ordre

Dans la Séance publique du 15 Mai 1870.

———⌖———

Messieurs ,

La fortune sourit aux témérités de la jeunesse. Ne semblait-il pas que je cédais à l'emportement d'une ambition prématurée, lorsque j'ai sollicité l'honneur d'entrer dans votre Compagnie ? Vos suffrages m'ont absous. Pourtant je ne me sens pas dispensé de me justifier de mon heureuse audace. Et quelle meilleure justification que l'éclat même dont l'Académie n'a cessé de resplendir depuis près d'un siècle et demi qu'elle est fondée ? Les plus illustres enfants que Marseille ait produits ou adoptés ont voulu vous être affiliés, et toutes les voies dans lesquelles s'est déployée l'activité de l'intelligence humaine vous ont conduit ceux qui les ont parcourues avec le plus de succès. Séduit par cet éclat, entraîné par un impatient désir de participer au profit de vos travaux et de goûter le charme de votre commerce, je n'ai pas pris garde à mon insuffisance.

Puis,—et c'est là surtout mon excuse,—déjà les liens
d'une intime et respectueuse affection m'unissaient à
plusieurs d'entre vous. J'allais retrouver ici des maîtres
aimés qui ont dirigé mes premiers pas dans la vie et,
par leur exemple mieux encore que par leurs leçons,
m'ont initié au culte des lettres; d'éminents confrères
du barreau auxquels, malgré toutes les supériorités,
j'étais habitué à donner ce doux nom de confrère ; des
magistrats vénérés dont la bonté avait aplani à ma
jeune inexpérience l'abord si difficile de la barre. Eux-
mêmes ont daigné me tendre la main pour m'attirer vers
vous. Avec un tel patronage, pouvais-je douter de votre
accueil ?

Enfin, Messieurs, en vous présentant les œuvres
modestes que vous avez acceptées comme des titres,
j'avais quelque raison d'être confiant. J'ai toujours
marqué pour Marseille, dont je m'honore d'être le fils,
un pieux attachement : je me suis toujours passionné
pour l'étude de son histoire : et tels sont les sentiments
qui m'ont dicté mes humbles écrits. Vous deviez, à
défaut d'autre mérite, me tenir compte de ces inspirations. C'est mon patriotisme, sans doute, qu'a récompensé
votre faveur ; et s'il en est ainsi, j'oserai vous affirmer
que vous ne pouviez pas admettre dans vos rangs un
Marseillais plus épris des grandeurs de notre ville, et
partant plus fier d'appartenir à une Compagnie qui a
toujours été l'une des gloires de Marseille.

Parmi les membres de l'Académie qui m'avaient
encouragé à rechercher vos suffrages, je ne puis pas
omettre le collègue regretté auquel vous m'appelez à
succéder. M. Paul Autran était de beaucoup votre doyen,
et cependant, quand il me témoignait une si flatteuse
bienveillance, j'étais loin de penser, tant le poids des
années paraissait lui être léger, que j'occuperais son
siége. Puisque la destinée me réservait sa place, je veux
au moins, en venant m'y asseoir, vous parler de ce
confrère, pendant si longtemps assidu à vos séances et
que vous entouriez de votre affectueuse vénération.

Puissé-je, en le retraçant fidèlement à vos yeux, vous faire oublier pour quelques instants que la mort impitoyable vous a séparés de lui !

M. Paul Autran était un homme des anciens jours. Il avait vu presque en entier le dernier quart de ce dix-huitième siècle, qui devait finir au milieu de si épouvantables convulsions. Il aimait à rappeler qu'il était venu au monde dans l'année où mourut Voltaire, dont il réprouvait bien les doctrines philosophiques, mais dont il prisait fort les tragédies. C'est par l'adoption, non par la naissance, qu'il fut notre concitoyen. Il était né dans un coin de la Provence où l'air est plus doux, la nature plus riante. Quand sa famille, originaire de Cannes, où elle avait tenu un rang honorable, s'établit à Marseille, M. Paul Autran n'était encore qu'à sa première aurore, et notre ville devint sa véritable patrie. Il y fut élevé, il y a vécu, il y a terminé sa longue carrière et Marseille n'eut jamais de fils adoptif qui lui fût plus dévoué. Il ne m'appartient pas de vous raconter cette vie sans reproche dont l'activité sans défaillance fut continuellement au service du devoir. Je fais des vœux pour que la piété d'un fils, constant témoin de cette existence si droite, vous en révèle un jour les touchants épisodes, si dignes d'être proposés comme exemple !

Pour moi, Messieurs, ce sont surtout les œuvres littéraires que je dois apprécier, et tout en me bornant ainsi, si je ne m'appliquais à ménager vos moments, je pourrais longtemps vous retenir, car jusqu'aux dernières limites de sa vie, M. Paul Autran demeura fidèle aux belles-lettres.

Cet amour des lettres, qui est toujours inné, fut encore développé chez lui par de fortes études au collége de Marseille où il entra en 1786.

L'influence heureuse qu'une brillante éducation devait avoir sur la carrière littéraire de M. Paul Autran et la reconnaissance inaltérable qu'il conserva pour ses professeurs, m'imposent l'obligation de vous parler du lieu où cette éducation lui fut donnée ; et je suis ravi de trouver là une occasion de remettre en lumière, en même temps qu'une excellente institution d'autrefois, l'intelligence et la générosité de nos ancêtres. On peut, Messieurs, sans attendre les cheveux blancs, être comme le vieillard d'Horace, *laudator temporis acti* ; et je n'éprouve aucun embarras à déclarer que toutes les splendeurs du présent ne m'empêchent pas de regretter un grand nombre des choses disparues.

Lorsqu'on étudie les monuments dont le moyen-âge a enrichi nos archives, on est surpris en voyant de quelle vive allure les Marseillais, au temps où ils se gouvernaient librement, marchèrent en avant dans les voies de la civilisation. A une époque encore reculée, ils se préoccupaient déjà de l'instruction publique. L'imagination de nos pères ne fut pas assez précoce, je l'avoue, pour leur faire décréter l'instruction obligatoire. Mais ils s'efforcèrent de rendre la science accessible à tous, et dès le commencement du xv° siècle, la municipalité payait de ses deniers des maîtres et des docteurs, afin d'offrir aux jeunes gens de Marseille des leçons gratuites. Les sacrifices qu'elle fit plus tard pour affermir l'existence d'un collége communal n'ayant pas obtenu tout le succès espéré, elle eut l'idée, en 1625, de confier son collége à un ordre religieux récemment établi et déjà illustre.

C'était la Compagnie des prêtres de l'Oratoire, « Compagnie, a dit Bossuet, où une sainte liberté fait le saint engagement, où l'on obéit sans dépendre, où l'on gouverne sans commander, où toute l'autorité est dans la douceur et où le respect s'entretient sans le secours de la crainte. » Les lumières de ses membres, cette indépendance louée par Bossuet, cette austérité de mœurs remarquée chez la plupart de ceux qui professèrent les doctrines jansénistes, assuraient que la nouvelle congrégation donnerait à la jeunesse une libérale et virile éducation. Remis en de telles mains, le collége de Marseille prospéra. La Ville, d'ailleurs, ne cessa jamais de témoigner pour son collége la plus grande sollicitude. Elle l'installa dans un vaste édifice qu'elle fit construire sur l'emplacement de l'ancien hôpital de Sainte-Marthe, et quand l'ordre des Jésuites fut supprimé, elle le transféra dans la belle maison de Saint-Jaume, élevée à grands frais par Monseigneur de Belzunce. Elle accordait toutes les années une importante subvention; elle autorisait le professeur de rhétorique à porter le glorieux titre d'orateur de Marseille; ses magistrats accouraient à toutes les fêtes, à toutes les solennités du collége, et je ressens une douce émotion en évoquant le souvenir de ce temps où nos bons échevins venaient en grande pompe, revêtus du majestueux chaperon, écouter, — peut-être sans les comprendre, — les harangues latines du professeur de rhétorique ou les tragédies françaises, en cinq actes et en vers, composées par les dramaturges de la maison.

Si l'on apprécie l'arbre d'après les fruits, on doit juger d'une école par les hommes qu'elle a formés. Au nombre des élèves de l'Oratoire devenus assez illustres pour que leur renommée ait fait l'orgueil de leurs maîtres, je mentionnerai en courant et presque au hasard notre vieil historien Marseillais Louis-Antoine de Ruffi; l'éloquent évêque d'Agen, Mascaron, qui eut tant de succès avec ses prédications dans un siècle pourtant si fertile en orateurs sacrés; un autre orateur de la chaire, demeuré plus célèbre encore, Massillon; le grammairien Dumarsais, que l'éclat de ses travaux n'éleva pas au-dessus d'une condition modeste, ce qui faisait dire de lui à Fontenelle: « C'est le nigaud le plus spirituel et l'homme d'esprit le plus nigaud que je connaisse; » l'abbé Barthélemy, enfin, dont il est inutile de nommer, tant il est resté fameux, l'élégant et docte chef-d'œuvre.

J'en ai dit assez, Messieurs, pour faire ressortir toute la valeur des maîtres auxquels M. Paul Autran allait être confié. Il était doué de façon à tirer grand profit de leurs enseignements. L'heureuse précocité de ses dispositions fut telle qu'à treize ans il finissait sa rhétorique et il concourait pour le prix Matignon.

Au collége de l'Oratoire l'externat était gratuit. Pour les pensionnaires on percevait une rétribution. Mais un abbé de Saint-Victor, Jacques de Matignon, ancien évêque de Condom, parmi diverses fondations pieuses auxquelles il consacra sa fortune, avait doté de treize bourses le collége de Marseille. Ces bourses n'étaient pas le prix de la faveur : on les accordait d'après un concours où l'on admettait tous les jeunes gens indistinctement, pourvu qu'ils eussent fait leur rhétorique ; à mérite égal on préférait ceux qui étaient nés à Marseille. Le jury d'examen se composait de délégués de l'abbaye de Saint-Victor, du Chapitre de la cathédrale, du Grand Séminaire et de l'Hôtel-de-Ville, qui s'adjoignaient le supérieur du collége et le préfet des études. Les treize boursiers avaient le droit d'être gratuitement entretenus pendant deux années employées à l'étude de la philosophie : on leur donnait, pour honorer la mémoire du fondateur, le nom de *Matignons*.

M. Paul Autran obtint le quatrième prix. Il commença donc, en qualité de Matignon, son cours de philosophie. Mais il n'eut pas le temps de l'achever. La Révolution avait éclaté ; le collége de l'Oratoire fut fermé au mois de Juillet 1792, et le gouffre où s'abîmèrent tant d'institutions, engloutit aussi le collége de Marseille, la Congrégation qui durant près de deux siècles l'avait si bien dirigé, et ces fondations charitables auxquelles la perpétuité semblait assurée.

Mais, heureusement, lorsque M. Paul Autran vit ainsi interrompues ses chères études, il était assez nourri du miel des lettres antiques pour qu'il dût aimer pendant toute sa vie à en savourer le parfum. Son admiration des grands modèles classiques ne s'affaiblit jamais. Et vous-mêmes, Messieurs, n'avez pas oublié avec quel à-propos, en assistant à vos séances, il citait des fragments des meilleurs écrivains latins, le plus souvent d'Horace, dont il se plaisait surtout à vanter l'excellence.

Vous ne pouviez pas vous étonner de cette prédilection qu'il marquait pour le plus gracieux et le plus aimable des poètes de Rome : poète lui-même, il tenta, dès ses jeunes ans, l'art difficile des vers, et, pour employer le style cher aux poètes d'alors, il gravit les sommets du Pinde et de l'Hélicon, et but à longs traits l'onde claire d'Hippocrène.

Ce nom de poète, il faut,—je ne me le dissimule pas,— un certain courage pour le prononcer; car, à moins qu'on ne l'applique à l'un de ces hommes prédestinés qui, par la vigueur ou l'éclat de leur génie, ont forcé l'admiration de leur siècle et de la postérité, ce nom excite un involontaire sourire. « Il n'est point de degrés du médiocre au pire, » s'est un jour écrié celui que l'on a pompeusement appelé le législateur du Parnasse. Depuis lors, cette décision a été acceptée comme une évidente vérité : pour le public on est facilement Bavius si l'on n'est pas Virgile, et il n'y a point de terme entre Racine et Chapelain. C'est là, Messieurs, une injustice contre laquelle j'ai à cœur de protester. La sentence de Boileau est fausse, parce qu'elle est absolue et que rarement ici-bas le vrai s'accorde avec l'absolu. J'offenserais votre raison si j'insistais beaucoup pour démontrer qu'au-dessous des œuvres qui s'imposent à l'attention universelle, il y a des conceptions poétiques toutes modestes, que mille qualités recommandent néanmoins, et dont souvent la simplicité même fait le charme. Je professe d'ailleurs la plus large indulgence et je veux l'étendre à ceux que le succès a trahis complètement quand ils se sont essayés à la poésie. Ai-je tort? Ces poètes malheureux méritent-ils d'être condamnés sans merci ? Je ne le puis penser ; ils me paraissent dignes, au contraire, qu'on leur témoigne une particulière estime, et je me flatte que vous partagerez mes complaisances. Quel est, Messieurs, l'attribut essentiel de la poésie? Vous le savez : à certains moments, l'âme est agitée par une inquiétude inexprimable; un impétueux désir l'excite à prendre son vol, à s'élever au-dessus de toutes les matérialités, à s'élancer jusqu'à ces régions éthérées où il lui semble qu'elle va se rapprocher de l'idéale beauté. Et alors, tandis qu'elle aspire de la

sorte à monter vers l'infini, la poésie, comme le char de
feu du prophète, vient s'offrir à elle pour l'y transporter.
Mais ces élans vers l'idéal combien d'êtres vulgaires ne
les éprouvent jamais, et par suite restent indifférents ou
dédaigneux devant les plus sublimes productions du
génie poétique ! Ainsi les esprits d'élite ont seuls le sen-
timent intime de la poésie ; et parmi ces natures privilé-
giées ne sont-ce pas ceux que la Muse pénètre, émeut le
plus profondément, qui tâchent d'atteindre les célestes
hauteurs par l'essor de leurs propres inspirations ? Et
s'ils n'y réussissent point, n'ont-ils pas du moins l'honneur de le tenter ? Serez-vous impitoyables envers le
pauvre Icare pour avoir, lorsqu'il se sentait des ailes,
trop présumé de leur puissance, et s'être voulu baigner
dans les rayons de l'éclatante lumière ? ... Appliquons-
nous donc, Messieurs, à respecter des efforts d'autant
plus généreux qu'ils seront moins féconds, et ces sourires prêts à éclore sur nos lèvres, si nous rencontrons parfois des vers médiocres, réprimons-les aussitôt ; car les
poètes ont tous, sans distinction, le droit de répéter ce
que Musset, le grand inspiré, disait aux railleurs :

> Et puissiez-vous trouver, quand vous en voudrez rire,
> A dépecer nos vers, le plaisir qu'ils nous font !
> Qu'importe leur valeur ? La Muse est toujours belle,
> Même pour l'insensé, même pour l'impuissant ;
> Car sa beauté pour nous, c'est notre amour pour elle...

Mais je me laisse emporter par la chaleur de mon
apologie, et vous allez croire qu'en défendant ceux que
l'on a coutume de nommer les mauvais poètes, je plaide
en réalité pour M. Paul Autran.

Non, Messieurs ; et je m'attacherais à faire valoir le
mérite de ses vers, si l'Académie elle-même ne m'en
avait épargné le soin. Quand il prétendit à l'honneur
d'entrer dans votre classe des lettres, ses rimes furent le
titre sur lequel il s'appuya pour justifier son ambition.
Votre Compagnie, en les soumettant d'abord à l'examen

de M. Jauffret, qui était lui-même un agréable poète, ne pouvait pas les faire apprécier par un juge plus compétent. Elle ratifia bientôt le rapport favorable de M. Jauffret, et en 1817, M. Paul Autran vint prendre possession d'un de vos siéges. Vous avez ainsi prononcé souverainement sur la valeur de ses œuvres poétiques, et ne serait-ce pas porter atteinte à votre autorité que de réviser les pièces sur lesquelles vous avez statué, même pour approuver vos décisions?

M. Paul Autran eut donc la bonne fortune d'être poète, et poète consacré par les suffrages de l'Académie de Marseille. Il se distingua surtout par une qualité dont je tiens fort à le louer, parce qu'elle brille rarement chez les poètes. L'ardeur avec laquelle je prenais tantôt leur parti me donne peut-être le droit de mêler aux fleurs de l'éloge l'aiguillon d'une légère critique, et ils me pardonneront de dire que la modestie n'est pas leur plus habituelle vertu. Les poètes sont avides de louanges et empressés à en chercher partout. Il n'y a pas dans la nature de force d'expansion comparable à celle qui pousse l'auteur du moindre sonnet vers la conquête d'un auditoire. Oronte et Trissotin, bien loin de s'être convertis, usent de tous les moyens de publicité que les progrès du temps ont multipliés, et nous les voyons assiéger les journaux, s'emparer des revues, régner même sur les almanachs... Mais l'admiration des contemporains ne suffit pas aux poètes. Ils en conviennent eux-mêmes, ils sont jaloux

> d'avoir pour confidente
> Cette postérité pour qui l'on se tourmente.

Un élégant volume, imprimé avec tout le luxe que peut étaler l'art du typographe, devient le véhicule auquel ils confient le trésor de leurs élucubrations pour le transmettre à l'adresse de cette heureuse postérité. Que dis-je? Ce n'est point assez que de léguer aux âges futurs leur nom et leurs œuvres. Il faut de plus que nos derniers neveux puissent contempler leur image. Aussi, — et c'est encore un d'eux qui l'avoue, — lorsqu'un auteur réunit ses vers dans un livre, est-ce miracle

> S'il ne se fait graver au-devant du recueil
> Couronné de lauriers par la main de Nanteuil.

M. Paul Autran ne céda pas à l'entraînement d'un exemple si répandu. Quand il vous présenta le recueil de ses poésies, ce recueil était encore manuscrit, et il ne le livra jamais à l'impression. N'avais-je pas le devoir de signaler cette singulière modestie ?

Et chose digne aussi d'être remarquée! Il obtint par ses vers les suffrages de l'Académie, et après y avoir été reçu, il dit adieu à la poésie. Ce fut, je pense, comme un délicat hommage qu'il voulut vous rendre. Il semble que sa Muse, en lui ouvrant vos portes, lui ait donné la plus précieuse récompense qu'il eût rêvée, et qu'auprès d'un tel succès, il ait dédaigné tous ceux que l'avenir pouvait lui réserver encore.

Mais il n'avait pas l'intention de s'endormir dans le fauteuil que vous l'appeliez à occuper. Son activité littéraire prit un autre cours; au lieu de se ralentir, elle parut, au contraire, stimulée par vos encouragements; et c'est justice de vous attribuer une grande part dans ses travaux; car il produisit presque toujours pour les lire à vos séances les œuvres qu'il nous a laissées.

La variété des sujets traités dans ses nombreux écrits nous montrent quelles furent l'étendue de ses connaissances et la diversité de ses aptitudes.

Ce qu'à mon avis il faut mettre au premier rang, ce que du moins je goûte le plus, ce sont les études biographiques où il fit revivre certaines figures, non pas précisément oubliées, mais dont la génération présente avait besoin qu'on lui rappelât toutes les particularités.

En 1820, le centième anniversaire de la Peste lui suggéra l'idée de prononcer à votre séance publique l'éloge du chevalier Roze, moins illustre par ses exploits à la guerre de la succession d'Espagne que par le courage qu'il déploya en combattant l'horrible fléau. A plus de quarante ans de distance, dans une autre de vos séances publiques, M. Paul Autran vous lut l'éloge du P. Milley, Jésuite, dont l'héroïsme égala celui du chevalier, mais dont le nom pourtant était demeuré plus obscur, sans doute parce que le P. Milley ne survécut pas à son dévouement.

Le P. Feuillée, religieux minime, célèbre par ses travaux d'astronomie et par les voyages scientifiques qu'il accomplit d'après les ordres de Louis XIV, lui fournit le sujet d'une intéressante monographie ; et sachant passer du grave au doux, il conta, sur un ton de charmante bonhomie, l'histoire attachante en sa simplicité du centenaire Annibal Camoux.

C'est encore à vous, Messieurs, qu'il désira faire d'abord admirer l'un des plus beaux caractères que Marseille ait vus. Je veux parler de Nicolas Compian, qui donna un si rare exemple de respect pour la foi jurée. Fait esclave par un pirate barbaresque tandis qu'il traversait la mer, il fut vendu à Tripoli. Il était inconsolable d'une telle infortune, et il allait succomber sous l'accablement du désespoir, lorsque son maître, touché de compassion, lui offrit de le laisser revenir à Marseille si, ayant revu ses parents et arrangé ses affaires, il s'engageait à retourner ensuite en Barbarie. Nicolas Compian s'estima lié par sa promesse ; après quelques mois passés avec sa famille, il s'échappa et vint reprendre sa captivité. Vous n'aviez pas oublié ce trait sublime ; mais il est si touchant que vous ne m'en voudrez pas de l'avoir rappelé.

M. Paul Autran aborda aussi, dans d'éloquents discours ou d'habiles dissertations, des questions d'histoire, de philosophie et d'esthétique. Il n'avait pas seulement l'amour des lettres ; il était en outre doué d'un goût très vif pour les beaux-arts. Il le témoigna par les observations qu'il écrivit sur le Laocoon, et par les études qu'il publia sur deux peintres de mérite, membres tous les deux de l'Académie, Paulin Guérin et Augustin Aubert. Du reste, comme ce philosophe de l'antiquité qui se mit à marcher quand on lui demanda de prouver le mouvement, il manifesta son goût artistique autrement que par de vaines théories. C'est à lui que notre Musée doit de posséder cette superbe nature-morte de Snyders, une des plus belles toiles, sans contredit, de notre collection.

En 1840, vous lui aviez confié les fonctions de Secrétaire-perpétuel de votre classe de littérature; à ce titre, il mit le plus louable empressement à prononcer l'éloge funèbre de plusieurs membres distingués que l'Académie eut le regret de perdre. Familiarisé comme il l'était avec les poètes du dernier siècle, il se souvenait des railleries dont le mordant satirique faisait rejaillir les traits sur tous les secrétaires-perpétuels, après en avoir criblé d'Alembert :

> Dans l'histoire, chargé d'inhumer ses confrères,
> Grand homme, car il fait leurs extraits mortuaires...

Son zèle eut le mérite de braver la satire, et il convient de lui en savoir gré.

Dans le nombre des académiciens auxquels il voulut bien rendre le solennel hommage d'un éloge en séance publique, permettez-moi de saluer le nom d'un oncle dont j'ai conservé le plus affectueux souvenir. L'abbé Brunet, professeur de rhétorique au Lycée de Marseille, fut pendant vingt ans votre confrère ; comme M. Paul Autran, il était profondément versé dans la connaissance des chefs-d'œuvre classiques ; comme lui, il s'adonnait avec succès à la poésie. Quand je retourne par la pensée aux jours les plus lointains que ma mémoire puisse atteindre, combien j'aime à revoir, toute rayonnante d'esprit et de grâce, la figure de ce bon chanoine de qui je reçus les premières leçons! Pardonnez-moi, Messieurs, cette mention ; c'est un lien de plus qui m'attache à votre

Compagnie, et vous ne me blâmerez pas de m'en faire honneur.

Pressé par l'heure qui s'écoule avec son inexorable rapidité, je n'ai pu faire qu'une brève énonciation des œuvres nombreuses de M. Paul Autran. Mais ce coup d'œil d'ensemble aura suffi pour montrer, comme je l'avais indiqué, qu'il ne discontinua jamais de cultiver la littérature.

J'insiste à dessein sur ce constant amour des belles-lettres parce que c'est là ce qui me frappe le plus dans la personnalité de mon prédécesseur. Ce sera aussi l'élément principal de l'éloge que j'ai entrepris. Oui, Messieurs, je veux surtout et chaleureusement féliciter M. Paul Autran d'avoir allié avec l'assiduité aux travaux littéraires, la profession qu'il a exercée, le négoce. C'est le commerce qui fait la grandeur et la prospérité de notre ville. Ne serait-il pas naturel que votre Compagnie recrutât la plupart de ses membres chez les hommes voués à cette profession ? Et cependant, si je porte mes regards autour de moi, je n'aperçois parmi vous aucun négociant. Pourquoi, Messieurs, en est-il ainsi ?

Au lieu de répondre moi-même à cette question, laissez-moi, je vous prie, chercher la réponse dans une de ces délicieuses épopées que nous devons à l'aimable et tendre génie de Walter Scott.

Le héros du livre, — celui qui nous fera parcourir et admirer avec lui la verdoyante Écosse, qui nous rendra amoureux comme lui de Diana Vernon, « cette apparition enchantée, » a dit Sainte-Beuve, — le héros du livre, Francis Osbaldistone, est le fils d'un important et rigide négociant de Londres. Son père, en l'envoyant à Bordeaux, chez un des correspondants de sa maison, lui a conseillé de noter sur un registre tout ce qu'il apprendra d'utile. Le fils se souvient de cette recommandation; il insère dans son journal tout ce qui pourra plaire à l'auteur de ses jours; mais avec cette étourderie d'un jeune homme qui est quelque peu poète, il y inscrit parfois des notes bien étrangères au négoce. Au retour, le père demande à voir ce journal. Il est charmé d'y trouver des indications sur le commerce de l'eau-de-vie, le prix des poissons salés et le paiement des droits de douane. Mais tout-à-coup une feuille de papier, couverte de ratures, s'en échappe : c'est une ode que le malheureux enfant a rimée en l'honneur de l'un des héros de la guerre de Cent-Ans. Le sévère négociant la ramasse. « A la mémoire d'Édouard, le prince noir ! Qu'est-ce donc que tout ceci ? dit-il. Des vers ! Par le ciel ! Franck, je ne vous croyais pas encore aussi fou ! » Jamais il n'avait regardé les travaux des poètes qu'avec la plus dédaigneuse pitié. Il lit les vers de son fils, tantôt en affectant de ne les point comprendre, tantôt en les déclamant sur un ton d'emphatique ironie ; puis, après s'être livré à d'amères, à d'impitoyables railleries, il chiffonne le papier dans ses doigts avec un geste de souverain mépris, et il conclut en disant : « Par mon crédit ! Franck, je ne vous croyais pas encore aussi fou ! »

Cette peinture montre d'une merveilleuse façon quelle répulsion le négoce a toujours marquée pour la littérature. D'où vient cette vieille antipathie ? Ces préventions ne sont-elles pas injustes ? Le commerce n'exige-t-il pas de ceux qui le pratiquent de l'intelligence, de la mesure, de l'imagination même, et bien d'autres qualités également nécessaires à l'homme de lettres ? Je veux croire, afin d'être impartial, qu'Apollon, de son côté, rend à Mercure haine pour haine et dédains pour dédains. Mais sur lequel des deux doit peser le tort des premiers mépris ? Le négociant ne commence-t-il pas par accuser le littérateur de n'être point assez exact, assez positif, assez fervent pour l'utile science des chiffres ? C'est bien lui pourtant qui, le premier, donne ce conseil :

> Prends-moi le bon parti, laisse là tous les livres.
> Cent francs au denier cinq combien font-ils ? — Vingt livres.
> C'est bien dit. Va, tu sais tout ce qu'il faut savoir.

Eh bien ! Messieurs, ce sera l'honneur de M. Paul Autran d'avoir réagi contre ces idées. Jamais, vous l'avez vu, les spéculations commerciales ne l'absorbèrent, jamais la préoccupation des intérêts mercantiles ne parvint à le distraire de son penchant pour la littérature, et sa carrière intellectuelle fut une éloquente protestation contre cette croyance qu'il est impossible de s'appliquer à la fois au commerce et aux belles-lettres, d'être en même temps négociant et académicien.

Et cette opinion est tellement accréditée qu'en ce moment même un doute s'élève peut-être dans quelques esprits : si M. Paul Autran a cultivé les lettres avec succès, n'a-t-il point par là médiocrement soigné les affaires ? Comme il m'importe de revêtir de la plus grande autorité l'exemple légué par mon prédécesseur, je dois, pour compléter mon éloge, établir qu'il fut un irréprochable négociant.

Je suis heureux d'avoir à vous en donner une preuve éclatante. De même qu'il ne pouvait pas obtenir pour son mérite littéraire une plus flatteuse consécration que votre jugement ; de même, sa valeur commerciale ne pouvait pas être mieux appréciée que par les suffrages du commerce. Ces suffrages, en l'appelant à présider le tribunal consulaire, l'élevèrent à la dignité qui couronne excellemment la carrière d'un négociant.

La juridiction consulaire est une institution qu'on aurait le droit de qualifier d'idéale, si la perfection existait jamais dans les choses humaines. Ceux qui l'exercent, périodiquement renouvelés, en sont investis par la confiance de leurs pairs, corps électoral pris parmi l'élite des négociants de la cité, et dans ces désignations, intelligentes parce qu'elles sont libres, les électeurs, obéissant au seul désir d'avoir des juges intègres et expérimentés, font toujours les choix les plus sûrs. La liste des noms qui ont tour à tour composé cette populaire magistrature est le véritable livre d'or du commerce Marseillais.

Ce qui fait le lustre des fonctions du président, c'est l'importance des obligations et le poids de la responsabilité que sa conscience lui impose, le nombre des qualités dont il a besoin pour suffire à des devoirs multiples. Et s'il est toujours difficile d'occuper avec distinction ce poste élevé, vous allez reconnaître, Messieurs, que les difficultés étaient plus grandes encore à l'époque où M. Paul Autran y fut amené.

C'était sous la Restauration. Marseille a gardé vivace le souvenir des maux dont elle fut accablée pendant les guerres de l'empire. Elle paya cher les sanglantes aberrations du génie aveuglé à qui la France regretta si amèrement d'avoir abandonné ses destins. Cette ville, aujourd'hui si active, si animée, si bruyante, était silencieuse et morne; ce port, toujours ouvert, où les carènes se pressent, où les vergues s'entrecroisent, alors vide et bloqué, ne formait qu'une vaste solitude. Partout la misère, la ruine et le deuil.

Aussi avec quelle allégresse, quel débordement d'enthousiasme, nos pères saluèrent-ils le retour de cette antique famille dont la sagesse, depuis des siècles, travaillait à instituer la véritable grandeur de la patrie, et qui, en revenant, nous apportait ce bien ineffable, la paix ! Marseille se releva, se livra à toute l'ardeur de son génie commercial, ses navires parcoururent les mers redevenues libres, les transactions se multiplièrent, et ses juges consulaires eurent pour la première fois l'occasion d'appliquer le code de commerce, jusque-là condamné, par l'inertie des affaires, à demeurer lettre-morte. Pour adapter à des questions nouvelles une législation dont l'expérience n'a pas encore éclairé l'usage, il faut l'interpréter, le plus souvent sans aucun secours, et la compléter quelquefois en suppléant à l'insuffisance de ses dispositions. Telles étaient les difficultés spéciales que les magistrats de ce temps eurent à surmonter.

M. Paul Autran fut donc un des hommes que la clairvoyance du commerce Marseillais jugea digne d'accomplir cette œuvre délicate. Il succéda comme président à un honorable négociant, dans la famille duquel la noble mission de rendre la justice semble, par un heureux privilége, devenue héréditaire. J'ai nommé M. Luce, dont le fils, votre érudit et spirituel confrère, est le chef si respecté de notre magistrature civile, tandis que le petit-fils, actuellement placé à la tête du Tribunal de commerce, honore si bien la mémoire de son aïeul. M. Paul Autran, à l'exemple de ceux qui l'avaient devancé sur ce siége, s'acquitta parfaitement de sa difficile tâche, et il contribua avec eux à fonder cette jurisprudence commerciale de Marseille qui, depuis un demi-siècle, répandue et conservée par un recueil ininterrompu, porte jusqu'aux derniers confins du monde commercial le renom et l'autorité de notre juridiction consulaire.

Les facultés dont mon prédécesseur était doué se développèrent aussi dans d'autres sphères. Il fit partie de la Chambre de commerce; il ceignit l'écharpe d'adjoint au maire, il siégea pendant de longues années dans les conseils de la Commune ; il exerça même, avec les épaulettes de capitaine, un commandement dans cette milice citoyenne de laquelle on a ri quelquefois, mais où les grades, conférés par le libre choix des compagnons d'armes, n'en constituaient pas moins une très-acceptable dignité. Vous le voyez, Messieurs, le *Nil humani à me alienum* aurait pu être la devise de M. Paul Autran.

Ces obligations accumulées dont ne s'effrayait point son activité, ne l'empêchèrent pas de fréquenter exactement vos séances. Il aimait beaucoup l'Académie. Il le prouva par une assiduité qui ne se démentit jamais, et lorsque cinquante ans passés au milieu de vous lui firent craindre que le terme d'une douloureuse séparation ne fût proche, il voulut en adoucir les regrets par la pensée qu'il se survivrait ici en la personne d'un fils. L'accueil fait à ce fils a marqué le prix que vous attachiez à le posséder, et vous féliciter de cet accueil est devenu tout à fait superflu. Permettez-moi pourtant d'y applaudir en vertu d'une autorité particulière dont il me semble que je suis revêtu. Notre profession fait de nous, selon la mesure de nos attributions, des collaborateurs à l'œuvre auguste de la justice. Nous sommes ainsi très bien placés pour apprécier tout le mérite des magistrats, et nous puisons dans l'indépendance de notre Ordre le droit d'en rendre témoignage. J'ai donc compétence pour louer, en M. Amédée Autran, les qualités qui se manifestent plus spécialement à nos yeux : ses profondes connaissances juridiques ; accrues par d'incessantes études; son ardeur à poursuivre la découverte de la vérité, qui doit être la grande passion du Magistrat ; cette bonté enfin qui gagne les cœurs et dont je m'enorgueillis d'avoir reçu des marques précieuses. Il ne me pardonnerait pas, assurément, mes divulgations, si, louer ces qualités ce n'était continuer l'éloge d'un père à qui sa modestie se plait à en faire remonter la source.

Vous devez donc, Messieurs, et vous n'y manquerez pas, être reconnaissants envers M. Paul Autran de son attachement pour l'Académie. Vous aimerez, d'ailleurs, à vous rappeler la part qu'il prenait à vos discussions. Il y apportait cette chaleur, cette vivacité qui lui était propre. La franchise chez lui débordait. Incapable de dissimuler ses opinions, toujours animé de convictions profondes, il mettait quelquefois à les faire triompher une extrême impétuosité. Mais une très-grande bonté corrigeait cette pétulance. Il éprouvait immédiatement le regret d'avoir été trop vif et, avec une irrésistible cordialité, il faisait des avances et des excuses au confrère qu'il craignait d'avoir blessé. C'était bien là, et par excellence, le caractère provençal, caractère semblable, — si vous me permettez une comparaison un peu trop poétique peut-être, — au ciel bleu de notre pays où les nuages fugitifs glissent rapidement, prompts à nous rendre les sourires de notre soleil. Mes sentiments vous sont déjà connus; vous me pardonnerez donc si j'ai la partialité d'aimer ces caractères comme j'aime ce ciel et ce soleil

Ce qui, par la même raison, me plaisait infiniment chez M. Paul Autran, c'était l'usage qu'il avait conservé de s'exprimer très souvent en langue provençale. Au siècle dernier, cette habitude était généralement répandue à

Marseille. En 1786 , le marquis de Vento des Pennes ,
membre de l'Académie , dans un discours prononcé en
séance publique , déclarait tenir de plusieurs de ses col-
légues « qu'ils pensaient provençal en composant et
qu'ils étaient ensuite obligés de se traduire. » C'est votre Compagnie qui a propagé à Marseille l'emploi du
français , en refoulant ainsi le provençal vers les classes
inférieures. Lorsque vous avez admis ici le savant
confrère , appelé aujourd'hui , par une distinction si mé-
ritée, à l'honneur de vous présider, il exposa, avec cette
érudition qu'il a le don de rendre attrayante, les efforts
de vos devanciers pour assurer le progrès de la langue
française. Loin de moi l'audacieuse pensée de critiquer
jamais ce qu'a pu faire l'Académie ; souffrez du moins
que je révèle mes sympathies pour notre vieil idiome
roman , original , expressif, sonore , si propice à la poésie. D'ailleurs , depuis l'époque où vous le proscriviez,
les temps sont bien changés. Une vive impulsion por-
tait alors les provinces vers la métropole. Elles voulaient
adopter sa langue, s'assimiler ses doctrines , s'associer
à ses grandeurs. Le pouvoir central favorisait ce mouvement, comprenant combien la fusion vers laquelle on
tendait devait lui faciliter les moyens d'étendre sa do-
mination. Mais depuis que les dernières frontières qui
particularisaient encore les provinces ont été effacées par
le souffle des révolutions, comme ces lignes que la main
d'un enfant dessine sur le sable, l'expérience a montré
tous les dangers du système de centralisation poussé à
outrance. On a senti qu'il pourrait devenir un redouta-
ble instrument d'oppression. Afin d'en paralyser les
effets , les nobles intelligences qui se préoccupent d'em-
pêcher le funeste exil de la liberté , ont vu qu'il fallait
partout réveiller l'esprit provincial, et pour cela quel
meilleur moyen que de ressusciter d'abord, là où elle
existait, la langue nationale? En Provence, cette résur-
rection s'est accomplie ; elle a été , — on peut le dire,
— l'un des événements littéraires les plus notables de
notre temps. J'ai pu suivre toutes les phases de cette re-

naissance , ayant eu le bonheur d'être l'ami des hommes inspirés, aujourd'hui illustres, qui en ont été les promoteurs. Grâce à ces amitiés dont je suis fier , il me sera permis de vous informer des conquêtes nouvelles de notre chère langue provençale , si vous y prenez quelque intérêt; et j'espère qu'il en sera ainsi, car vous ne pouvez pas, Messieurs, rester indifférents en présence d'un mouvement encouragé par l'Académie française elle-même de qui , malgré l'épigramme célèbre et certainement apocryphe , votre Compagnie doit toujours se glorifier d'être la fille.

Vos généreux esprits partagent certainement la conviction que je viens d'exprimer sur la nécessité, maintenant reconnue, de fortifier la liberté en lui donnant pour boulevards nos provinces laissées autant que possible à elles-mêmes. Serait-ce de ma part un excès de présomption, si je vous disais, avant de me rasseoir , ce que vous pouvez pour hâter le triomphe de ces idées?

Je distingue de la puissance collective de l'Académie l'action individuelle qui appartient à chacun de ses membres.

Faire de notre province, de notre cité, l'unique carrière ouverte à notre activité ; y circonscrire notre horizon et ne rien chercher au-delà ; regarder comme les plus précieux de tous les honneurs ceux que nous devrons à l'estime de nos concitoyens ; pour nous, Marseillais, nous considérer en quelque sorte comme revenus au temps où Marseille, république autonome, se suffisait à elle-même ; lui supposer encore le droit de nous dire comme le grand roi : « l'Etat, c'est moi ; » et employer à la servir toute notre énergie , voilà ce qui est isolément au pouvoir de chacun de nous. Ainsi a fait M. Paul Autran : il s'est consacré tout entier au service de sa ville adoptive et il a borné là son ambition. En proposant à tous de l'imiter, je ne puis mieux couronner cet éloge.

Mais c'est surtout au point de vue collectif qu'éclate la puissance d'une Compagnie comme la vôtre. Bien qu'elle paraisse seulement établie pour résoudre de paisibles questions littéraires ou scientifiques, n'oubliez pas que, dans le domaine des choses de l'esprit tout s'enchaîne, et qu'en ce monde, c'est l'autorité morale qui, tôt ou tard, demeure victorieuse. A quelque objet qu'elle s'attache, une assemblée d'hommes comme vous, Messieurs, dont la valeur personnelle est merveilleusement fécondée par la réunion, aura toujours une influence considérable, force précieuse pour la cause à laquelle vous en apporterez le secours. Et voyez le grand exemple qu'a donné de nos jours cette illustre Académie française ! Quand la liberté n'était plus qu'une flamme vacillante, près de s'éteindre au moindre souffle, l'Académie française, inviolable asile, n'a-t-elle pas été le foyer où cette flamme sainte s'est réfugiée ?

Telle, Messieurs, j'aime à me faire l'idée de la grandeur du rôle qui peut vous échoir. Et si jamais votre Compagnie doit combattre pour ces principes, elle est sûre de trouver dans ses rangs, en la personne de son nouvel élu, un soldat obscur, mais inébranlable.

152

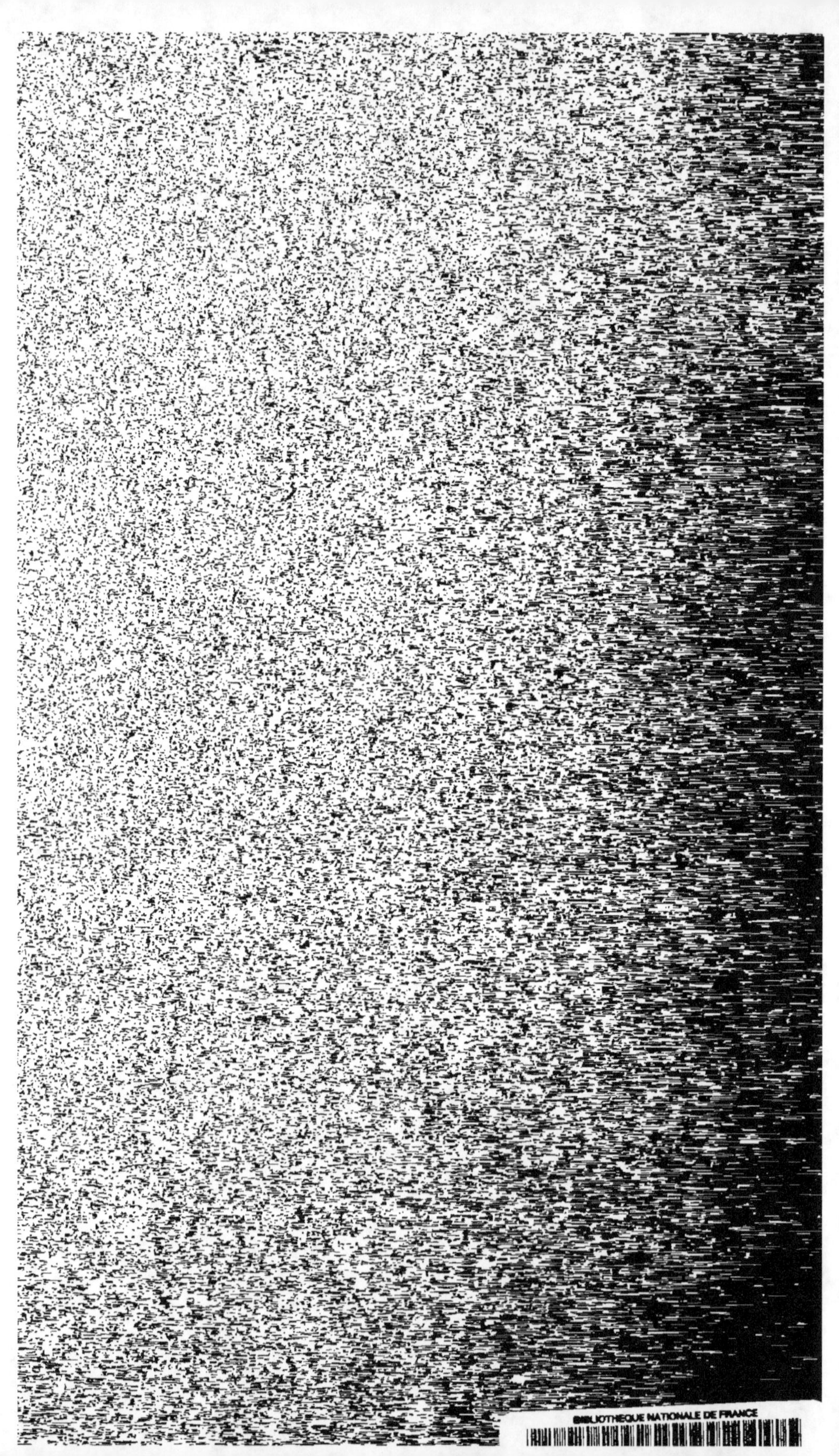